AF454330

Rome

Colosseum

Firenze

Venice

Venice

Naples

Amalfi Coast

Amalfi Coast

Siena

Siena

Pisa

San Gimignano

Matera

Villa D'este (Tivoli)

Vicenza

Ferrara

Alberobello

Pienza Italia

Agrigento, Sicily

Royal Palace at Caserta

Padova

Urbino

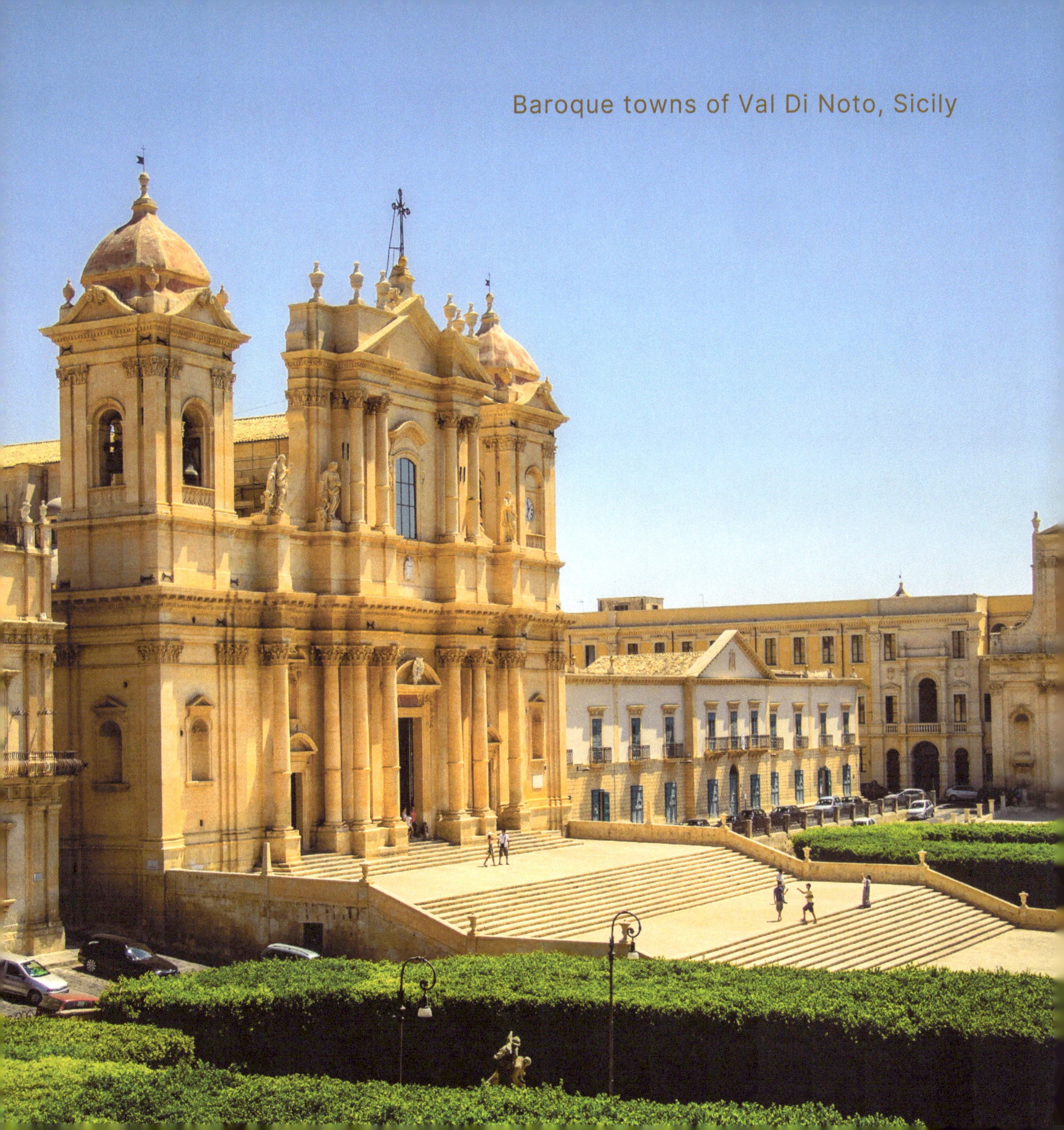
Baroque towns of Val Di Noto, Sicily

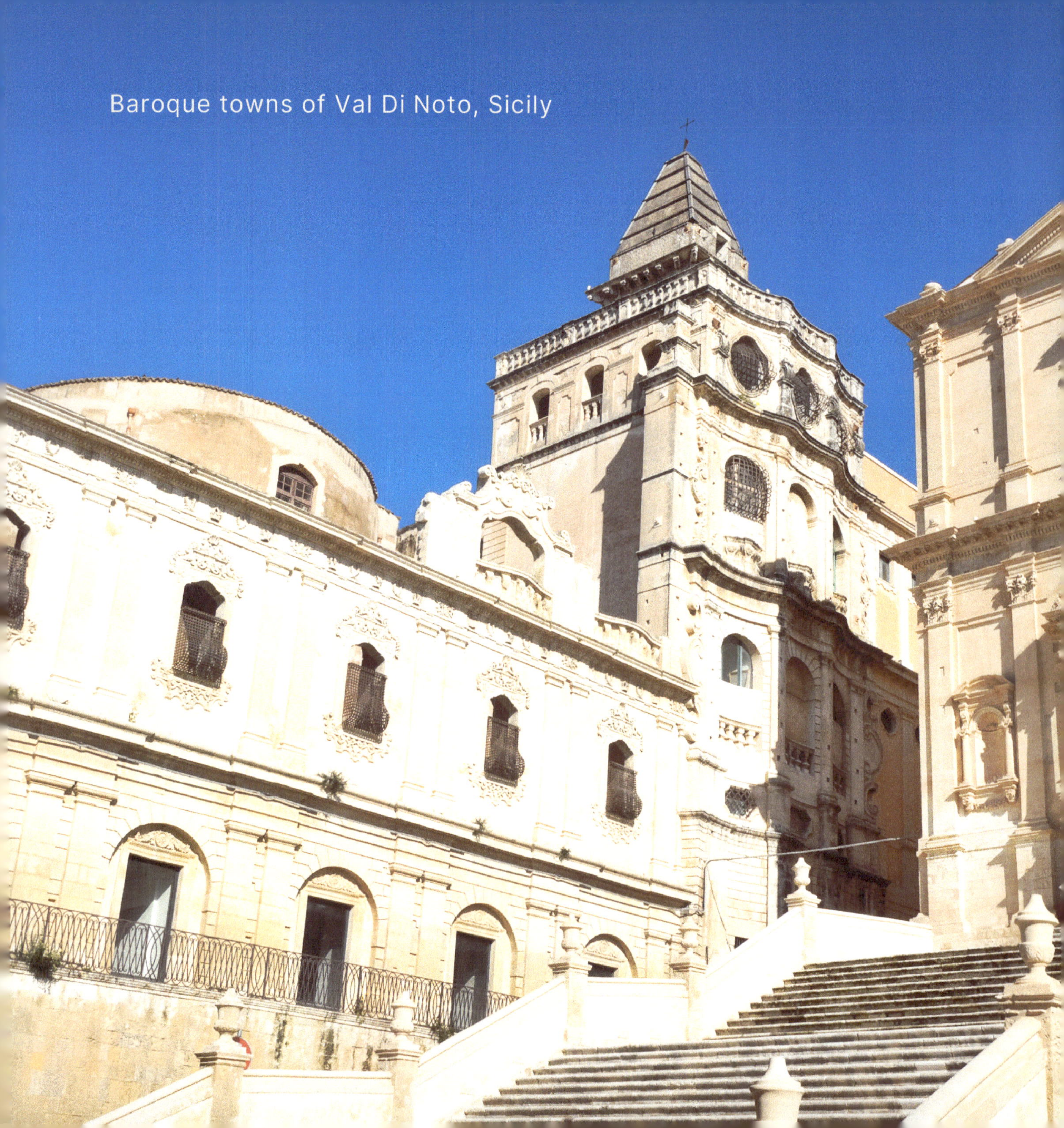
Baroque towns of Val Di Noto, Sicily

Tropea (Calabria)

Gran Sasso e Monti della Laga

Ravenna

Val D'Orcia

Mount Etna

Medici Villas and Gardens, Tuscany

Palermo

Bergamo

Lago Di Garda

Lago Di Como

Umbria

San Marino

Lucca

Taormina

Parma

Capri

Capri

Bologna

Portofino

Portofino

Castel Gandolfo

Sanremo

Sanremo

Treviso

Montepulciano

Montepulciano

Taranto

Alghero

Alghero

Cagliari

San Giulio Island

Scala dei Turchi, Sicily

Cinque terre

Cinque terre

Scaligero Castle, Lombardy

Villa Aldobrandini, Lazio

Milano Cathedral

Milano

Saint Mark's Basilica, Veneto

Porto Cervo

Asti

Genoa

The Alps
Milano

9 789189 700185